On the Wing 翅膀

North American Birds 3

Andrea Voon

Richard Han

Xiǎo chì bǎng   xiǎo chì bǎng shàn ya shàn

小翅膀，小翅膀扇呀扇，

lín dì li de   hé píng shǐ zhě   zhēn yǒu shàn

林地裏的 和平使者 真友善。

āi gē   āi gē   mào měi shēng tián

哀鴿，哀鴿 貌美聲甜，

gào bié kǔ nàn qī pàn píng ān

告別苦難期盼平安。

Little wings, little wings, flap flap flap...
Peacemakers in the open woodlands are on the wing.
Mourning Doves, Mourning Doves, clap clap clap...
Bring hope in hard times as they sing.

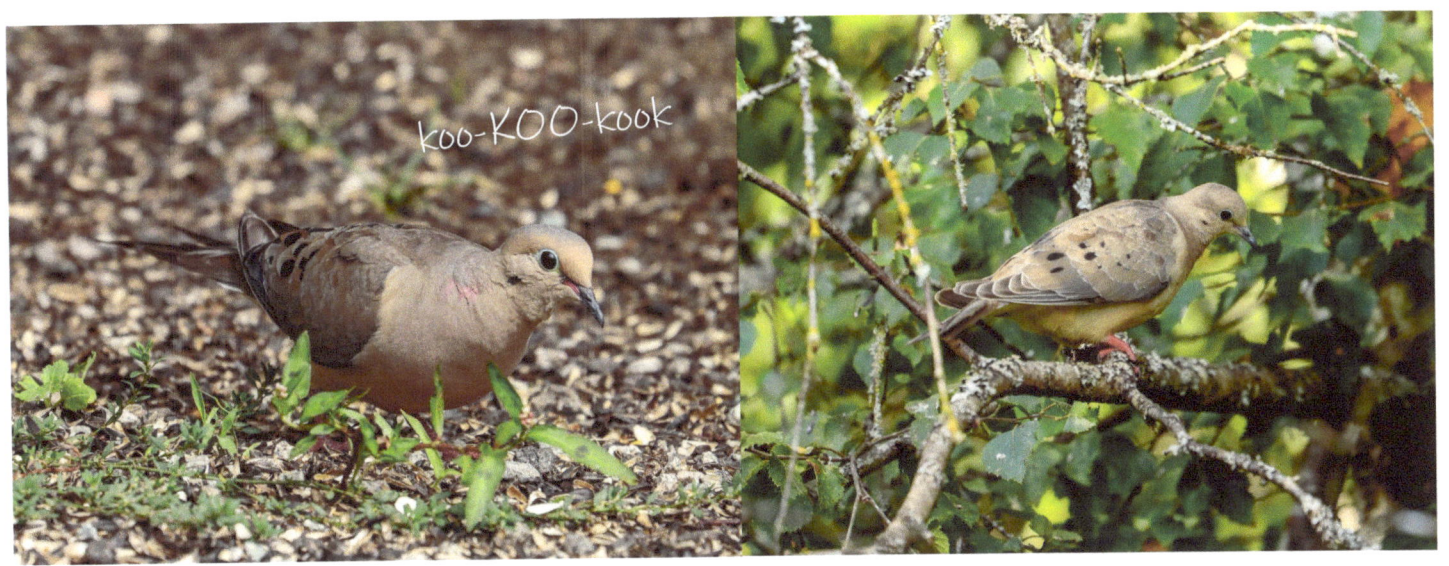

koo-KOO-kook

Xiǎo chì bǎng   xiǎo chì bǎng shàn ya shàn
小翅膀，小翅膀扇呀扇，

lín dì li de   lā lā duì yuán   zhēn yǒu shàn
林地裏的 啦啦隊員 真友善。

Měi zhōu zhī gēng niǎo   měi zhōu zhī gēng niǎo   mào měi shēng tián
美洲知更鳥，美洲知更鳥 貌美聲甜，

fēi shang zhī tou huàn xǐng chūn tiān
飛上枝頭喚醒春天。

Little wings, little wings, flap flap flap…
Cheerleaders in the open woodlands are on the wing.

American Robins, American Robins, clap clap clap…
Spring is in the air as they sing.

cheerily… cheer-up… cheer-up…

Xiǎo chì bǎng　　xiǎo chì bǎng shàn ya shàn

小翅膀，小翅膀扇呀扇，

guàn cóng li de　　chá dào shī fu　　zhēn yǒu shàn

灌叢裏的 茶道師父 真友善。

bān jī wú　　bān jī wú　　mào měi shēng tián

斑唧鶲，斑唧鶲 貌美聲甜，

xiàng hòu zhuā tiào mì shí jiě chán

向後抓跳覓食解饞。

Little wings, little wings, flap flap flap...

Tea masters in the scrubs are on the wing.

Spotted Towhees, Spotted Towhees, clap clap clap...

Hop and scratch on leaves as they sing.

Drink-your-teeeeea-

drink-drink-your-teeea-

Xiǎo chì bǎng　　xiǎo chì bǎng shàn ya shàn
小翅膀，小翅膀扇呀扇，

sēn lín li de　　yáo gǔn gǔ shǒu　zhēn yǒu shàn
森林裏的 搖滾鼓手 真友善。

Róng zhuó mù niǎo　　róng zhuó mù niǎo　mào měi shēng tián
絨啄木鳥，絨啄木鳥 貌美聲甜，

qiāo qiao dǎ da tāo kōng shù gàn
敲敲打打掏空樹幹。

Little wings, little wings, flap flap flap…
Drummers in the forests are on the wing.

Downy Woodpeckers, Downy Woodpeckers, clap clap clap…
Drum against wood and metal as they sing.

Xiǎo chì bǎng　　xiǎo chì bǎng shàn ya shàn

小翅膀，小翅膀扇呀扇，

guàn cóng li de　　jīn kuàng gōng rén　　zhēn yǒu shàn

灌叢裏的 金礦工人 真友善。

Jīn guān dài wú　　jīn guān dài wú　　mào měi shēng tián

金冠帶鵐，金冠帶鵐 貌美聲甜，

hēng heng chàng chang wàng què pí juàn

哼哼唱唱忘卻疲倦。

Little wings, little wings, flap flap flap…

Gold miners in the scrubs are on the wing.

Golden-crowned Sparrows, Golden-crowned Sparrows, clap clap clap…

Tears will flood the earth as they sing.

I'm-so-tired~~

Oh-dear-me

no-gold-hereee~

Xiǎo chì bǎng　xiǎo chì bǎng shàn ya shàn
小翅膀，小翅膀扇呀扇，

chéng shì li de　guǎn jiā　zhēn yǒu shàn
城市裏的 管家 真友善。

jiā má què　jiā má què　mào měi shēng tián
家麻雀，家麻雀 貌美聲甜，

ài zài tǔ li dǎ gǔn fān zhuǎn
愛在土裏打滾翻轉。

Little wings, little wings, flap flap flap...

Housekeepers in the towns are on the wing.

House Sparrows, House Sparrows, clap clap clap...

Enjoy a dust bath as they sing.

12

<ruby>小<rt>Xiǎo</rt></ruby><ruby>翅<rt>chì</rt></ruby><ruby>膀<rt>bǎng</rt></ruby>，<ruby>小<rt>xiǎo</rt></ruby><ruby>翅<rt>chì</rt></ruby><ruby>膀<rt>bǎng</rt></ruby><ruby>扇<rt>shàn</rt></ruby><ruby>呀<rt>ya</rt></ruby><ruby>扇<rt>shàn</rt></ruby>，

Xiǎo chì bǎng　xiǎo chì bǎng shàn ya shàn
小翅膀，小翅膀扇呀扇，

lín dì li de　chàng piàn qí shī　zhēn yǒu shàn
林地裏的 唱片騎師 真友善。

Běi měi gē què　běi měi gē què　mào měi shēng tián
北美歌雀，北美歌雀 貌美聲甜，

yīn yuè qǔ mù suí xīn qiē huàn
音樂曲目隨心切換。

Little wings, little wings, flap flap flap…

Disc jockeys in the open woodlands are on the wing.

Song Sparrows, Song Sparrows, clap clap clap…

Shuffle their song list as they sing.

Xiǎo chì bǎng　　xiǎo chì bǎng shàn ya shàn
小翅膀，小翅膀扇呀扇，

sēn lín li de　　jiāo tōng guān yuán　zhēn yǒu shàn
森林裏的 交通官員 真友善。

Hú　sè　què　wú　　hú　sè　què　wú　　mào měi shēng tián
狐色雀鵐，狐色雀鵐 貌美聲甜，

shēn shang　bù　mǎn zhuān xíng bān diǎn
身上佈滿磚形斑點。

Little wings, little wings, flap flap flap…

Traffic officers in the forests are on the wing.

Fox Sparrows, Fox Sparrows, clap clap clap…

Spot their chevron markings as they sing.

Xiǎo chì bǎng   xiǎo chì bǎng shàn ya shàn

小翅膀，小翅膀扇呀扇，

sēn lín li de   dēng shān xiàng dǎo   zhēn yǒu shàn

森林裏的 登山嚮導 真友善。

Àn   yǎn dēng cǎo wú   àn yǎn dēng cǎo wú   mào měi shēng tián

暗眼燈草鵐，暗眼燈草鵐 貌美聲甜，

chuān shang yǔ róng bǎo nuǎn fáng hán

穿上羽絨保暖防寒。

Little wings, little wings, flap flap flap...

Mountain guides in the forests are on the wing.

Dark-eyed Juncos, Dark-eyed Juncos, clap clap clap...

Snow is falling as they sing.

小翅膀，小翅膀扇呀扇，

灌叢裏的 翻譯人員 真友善。

白冠帶鵐，白冠帶鵐 貌美聲甜，

通曉多國地方語言。

Little wings, little wings, flap flap flap...

Translators in the scrubs are on the wing.

White-crowned Sparrows, white-crowned Sparrows, clap clap clap...

Learn a local dialect as they sing.

Xiǎo chì bǎng   xiǎo chì bǎng shàn ya shàn
小翅膀，小翅膀扇呀扇，

cǎo yuán shàng de   cǎi zhuāng shī   zhēn yǒu shàn
草原上的 彩妝師 真友善。

Xī shù cǎo wú   xī shù cǎo wú   mào měi shēng tián
稀樹草鵐，稀樹草鵐 貌美聲甜，

huáng sè de yǎn yǐng zhēn yào yǎn
黃色的眼影真耀眼。

Little wings, little wings, flap flap flap…

Makeup artists in the grasslands are on the wing.

Savannah Sparrows, Savannah Sparrows, clap clap clap…

Apply yellow eyeshadow as they sing.

chāo xiǎo chì bǎng   chāo xiǎo chì bǎng shàn ya shàn
超小翅膀，超小翅膀扇呀扇，

zhǎo zé li de   jiàn shì   zhēn yǒu shàn
沼澤裏的 劍士 真友善。

Zhǎo zé jiāo liáo   zhǎo zé jiāo liáo   mào měi shēng tián
沼澤鷦鷯，沼澤鷦鷯 貌美聲甜，

shù qi duǎn jiàn zhǔn bèi zuò zhàn
豎起短劍準備作戰。

Tiny wings, tiny wings, flap flap flap...
Sword fighters in the marshes are on the wing.

Marsh Wrens, Marsh Wrens, clap clap clap...
Stay down and bounce secretly as they sing.

<ruby>Xiǎo<rt></rt></ruby> <ruby>chì<rt></rt></ruby> <ruby>bǎng<rt></rt></ruby>　<ruby>xiǎo<rt></rt></ruby> <ruby>chì<rt></rt></ruby> <ruby>bǎng<rt></rt></ruby> <ruby>shàn<rt></rt></ruby> <ruby>ya<rt></rt></ruby> <ruby>shàn<rt></rt></ruby>

小翅膀，小翅膀扇呀扇，

tián měi de gē shēng dòng rén xīn xián

甜美的歌聲動人心弦。

Niǎo er mā ma　yǔ sè àn dàn

鳥兒媽媽 羽色暗淡，

bì kāi tiān dí zhú wō fū dàn

避開天敵築窩孵蛋。

Little wings, little wings, flap flap flap…
Nesting Mama birds are on the wing.
Subdued wings, subdued wings, clap clap clap…
Blend into their surroundings as they sing.

作者 Author

温甘玉芬

當媽前，她是孩子們的甘老師，在常年暖和的熱帶雨林，與孩子一起學習中、英文，探索文字的奧秘；當媽後，她是孩子們的溫媽咪，在四季分明的北半球，與孩子一起感受春夏秋冬的更替，一起尋找美好的童年……

溫媽咪創作的靈感，源自於多年來的童言童語。
2021年，她成立了"溫室工作坊"，立志要出版一系列的中、英雙語繪本，結合母語和第二語言，提倡親子趣讀。精通三語的溫媽咪理解每一種語言都有其獨特的藝術形式，因此創作的雙語繪本也各含韻味、各具特色。

Andrea Voon

Over the past few years, Andrea has learned and grown with her family as a full-time mother in Canada. Back in Malaysia, she was a Chinese immersion elementary school teacher. In 2021, Andrea started her journey as an author. Growing up in a multilingual environment, Andrea loves the beauty of languages on their own. She has the vision to publish picture books to support bilingual families in raising their children in English, Cantonese, and Chinese reading.

攝影師 Photographer

Richard Han

Richard loves to practice patience through his lenses of the natural world. He enjoys observing the wildlife and photographing the natural lifestyles that animals live. He is excited to present the beautiful photos that he captured in dreamy tones and colors to all the birds lover.

溫室工作坊

BILINGUAL READING IS FUN!

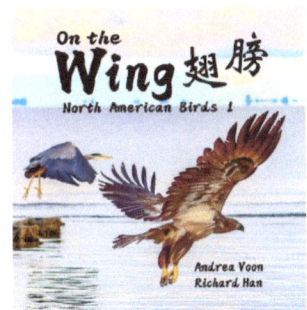 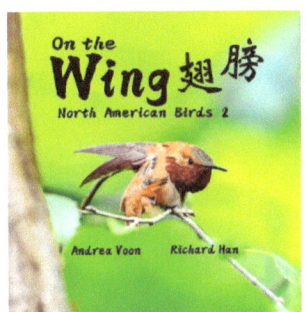  

Check out other bilingual picture books by Andrea Voon.

To **Shirley Han, Derek, Eliana, Alayna & Magnus Dominus**

with love -- Andrea. V

For **Richard Han**

The patience in natural photography

ISBN 978-1-998856-30-5

Text copyright © 2024 Andrea Voon

Picture Credit © 2024 Richard Han